Fräulein Manhattan

Fräulein Manhattan

BIMAN ROY

ARPress
ILLUMINATING IDEAS.
EMPOWERING VOICES

ARPress

45 Dan Road Suite 5
Canton, MA 02021

Telefon: 1(888) 821-0229
Fax: 1(508) 545-7580

Bestellinformationen:

Großhandel. Spezielle Mengenrabatte sind erhältlich für Firmen, Verbände und andere Personen. Bitte kontaktieren Sie den Herausgeber unter der oben genannten Adresse für weitere Informationen.

Gedruckt in den Vereinigten Staaten

ISBN-13:   Softcover   979-8-89389-248-2
            eBook   979-8-89389-249-9

Library of Congress Control Number: 2024916999

INHALTSVERZEICHNIS

'Wie Perlen an einer Schnur reihten sich die Schönheiten, die ich auf der Straße und beim Überqueren des Flusses sah und hörte, aneinander."

von Crossing Brooklyn Ferry

Walt Whitman

" Gewidmet allen New Yorkern "

Geographie des Glücks

Ein alter Indianerpfad wird zu Heere Straat,

dann zu Breede Wegh auf dem Gesicht einer

mürrischen Landkarte, die Lissabon schlecht

nachahmt, und fließt nun durch den Körper

wie eine Arterie, die eine Unzahl von

Erinnerungsmolekülen bis in den Schlaf

transportiert, und manchmal wacht man mit

trockenem Hals auf und bittet um Linderung

oder was auch immer, Dann flieht man

in die nächste Bar, zum Flughafen oder in die

entlegenste Hotellobby auf der Suche nach

einer Geographie des Glücks, oder man hofft

auf einen Trickbetrüger, ein Revuegirl oder

sogar einen Gangster im Ruhestand, falls es so

etwas gibt, der einem einen Schluck geschmuggelten

Alkohol anbietet, um zu schweben.

1

Man gibt auf und versteckt sich in einem

schmalen Krater.

Nur hier

New York ist die Geburtsstätte der
Superhelden, wegen der Wolkenkratzer und
Hochbahnschienen, weil ihre Fantasie
hoch hinaus will. So haben es mir einige
introvertierte Gelehrte erzählt. Die meisten
von ihnen haben Einwanderereltern,
die auf der Suche nach phosphoreszierenden
Höhen sind. Während ich durch den
Schatten einer Seitenstraße schlendere,
radelt ein Pizzabote mit rotem und blauem
Umhang an meinem träumenden Ich
vorbei, und eine junge Frau in einer blühenden
Magnolienbluse lehnt sich aus ihrem
Fenster im zweiten Stock und liest der Menge
unten laut aus Krieg und Frieden vor, um ihre

stickige Wohnung der Angst wieder mit

Geheimnis und Magie zu füllen.

Ein Mann, der vor mir läuft, nennt seinen

Hund Robin und hält ihn in einer Plastikhülle fest,

als wäre es ein wertvolles Kryptonit, und auf

dem Union Square verspricht der neue

Bürgermeister seinen Bürgern die Welt, trotz

Krieg und Washington. Hier treffen sich ein

albanischer Junge und ein kreolisches

Mädchen zum ersten Mal in der Untergrundbahn

von Queens, und als die Bäume auf dem Gehsteig

bunt werden, hält er sie fest, blickt zum

Himmel auf und sagt: Hilf uns, Superman.

Und die singenden Brüste des Mädchens,

die süßer klingen als eine Leier, goldener als Gold.

Ein Grund für die Sprache

Ob erfunden oder nicht, die East Side

glaubte wirklich, dass die West Side ihre

Muskeln und ihren Eifer, die sie aus dem

Fernen Osten importiert hatte, stehlen würde,

um die Stadt mit der Theatralik des Broadway zu überlisten.

So wie man sich in Paris über den aufkeimenden

Kunstdrang der New Yorker lustig machte,

als Guernica an den Wänden des MoMA hing,

so torpedierte ein amerikanisches Schlachtschiff

den singenden Fisch im Dock an der neunzigsten

Straße, um den Wachtposten am Rhein wegen

Verrats zum Schweigen zu bringen.

Und den zahnlosen Fischverkäufer in der Fulton

Street und den stiefellosen Bürgermeister von

East Village, der eine Dummy-Buchhandlung neben

einem Dummy-Gummiladen führte. Worte sind

dazu bestimmt, immer und immer wieder geformt,

gelutscht und von der Zunge aufgenommen zu

werden, um dann in Blasen aus vibrierendem

Corning-Glas geblasen und mit äußerster Sorgfalt

zwischen Tränen und Tränen platziert zu werden,

aber einige von ihnen könnten aufsteigen und

sich auf Gras, Kies oder den eiligen Gewändern

von Geistlichen niederlassen, um New Yorker

zu werden, die man liebevoll zu seiner Geliebten

trägt. Manch einer geht vielleicht leise zu einem

Einkaufszentrum in Uptown oder zu einem Ball

in Queens. Oder er jagt einem Feuerwerk bis nach

Camden hinterher, um in der nach Walt Whitman

benannten Kontemplationszone zu

wandern und nachzudenken.

Tribeca

Das Weiß der Lilien, die wie Cavafy und seine

erhabenen, jungen Lieder tief unter den scheuen

Wolken hängen, macht die Nächte geheimnisvoller.

Auserkoren zu sein, ist nichts anderes als

ein Glitzern der Entschlossenheit - hier stehe ich in

der Schlange für einen italienischen Eintritt in

Tribeca mit zwei jungen Frauen, die so geheimnisvoll

sind wie die Apfelblüten auf einem fernen Bauernhof

unter den grünen Blättern eines namenlosen Baumes.

De Niro träumt davon, dass das Festival die

Wirtschaft in der Innenstadt wieder ankurbelt,

und das hat es mit dem

schleppenden Verkauf von Mode, Stoffen und

Lebensmitteln auch getan - ein Trumpf für das Kino.

Die Stadt schwebt im Hintergrund wie ein Mädchen,

das in einem kurzen rosa Rock Pirouetten dreht,

zärtlich und frech, ein Faltenwurf nach dem anderen.

Fridas Garten

Der blaue Mond, das blaue Haus mit den blauen Türen -

in Fridas Garten ist alles möglich.

In seinem Inneren: die gestrandeten Vögel der Begierde,

die Pigmente der Kaktusfeigen und ein intensives

Indigo rund um die Dornenkette.

Bei Einbruch der Dunkelheit werden die Äste

des Jacarandabaums von losen Lichtfäden durchzogen,

die mit süßem Lavendel geschmückt sind.

Ganz in der Nähe, unter der niedrigen Steinbrücke,

fließt der Bronx River (oder ein dünner Schatten davon),

und eine Infanterie von Eichen neigt sich über den

Azaleenbüschen der Nacht zu.

Eine schattenhafte Präsenz drängt sich manchmal

unter geflügelte Insekten und tote Kolibris.

Ein aztekischer Segen, Ohrgehänge hängen zwischen

Licht und Licht.

Auf dem Weg nach draußen, zwischen dem rosafarbenen

Fleisch aufgeschnittener Früchte und

gebärmutterähnlichen Blumen, die vor Leben strotzen,

winkt mir ein Mann in Fetzen zu, der behauptet,

der Bürgermeister der Fordham Avenue zu sein.

Picasso im Park

Die Wildheit schleicht immer durch

die Büsche. Der Wind über dem Hudson

weckt die Hoffnung auf ein Leben nach dem Tod,

während sich die Nacht mit schweren

Schritten nähert. Viele Frauen - eine sitzende,

eine kniende, eine stehende, eine Frau mit Vase,

eine Frau mit Blatt, eine Frauenbüste,

ein Frauenkopf -, dazwischen ein paar

streunende Tiere - eine Katze, ein Hahn,

eine Ziege, eine Eule - und Gläser mit Absinth,

eine Geige und eine Gitarre, Zeichen des Lebens

auf Erden, die kurz vor dem Amen stehen.

Nickend und flüsternd tauschen sie

Geheimnisse aus.

Als sich das Licht verdunkelt und die

Schritte der Kuratoren wie das entfernte

Dröhnen eines Flugzeugs, das vom

Kennedy-Flughafen kommt, verstummen,

machen sie sich auf den Weg die Treppe hinauf.

Keiner redet, während drei Stockwerke

tiefer, in der 53. Straße, der gespannte Streit in

der Luft ist, als die Nacht antwortet, ich bin da.

Zwischen parkenden Autos, blinkenden

Lichtern, neugierigen Polizisten und

umherstreifenden New Yorkern mit Köpfen in

Aktenkoffern hindurch, in Gruppen und allein,

bis sie das weiche, feuchte Gras des Central

Park spüren, jenseits der erstickenden Mauern,

draußen unter dem Himmel.

Wenn das Licht über den East River in die

schlaftrunkenen Straßen fällt, werden sie

sich alle unter den majestätischen Ulmen

verteilen und sich ihr Plätzchen aussuchen,

wo sie trauern oder sich freuen können.

Skizzen auf U-Bahn-Treppen

i

Tauben wuseln um die Betonfüße der Bärtigen,

die in den Geschichtsbüchern stehen, hier und

da ein Hund, der auf eine Kornelkirsche pisst.

ii

So viel Leere und so viel Überfluss

nebeneinander zwischen all diesen Zügen, unter

den höhlenartigen Alleen, die diese schwerfällige

Masse von einem Stadtviertel zum anderen tragen!

Lorca muss sich hier gut amüsiert haben!

III

Süßes Cannabis, der Mann auf der Bank

im Park, der von der untergehenden Sonne betäubt

ist. Das süße Cannabis, der Mann auf der Parkbank,

die untergehende Sonne, die von dem Mann betäubt wird.

Die Züge rasen, die Zeitungen kleben an einer

Wand aus gespannter Luft.

IV

Keine Gnade im roten Auge des Verkehrs,

dieses rastlose Treiben von der

Morgendämmerung bis zur Abenddämmerung,

wochentags und am Wochenende. Keine

Luft, die durch die Bäume schwebt, und ein

Gefühl der Atemlosigkeit, die ihre Flügel in

Richtung Hudson ausbreitet, New York,

komm in meinen Schoß, ich werde dich beruhigen.

Großstadt-Jungen

Aufkeimende Bilder überholter Straßen

abzüglich unausgegorener Bürgermeisterideen,

verloren in den Scharnieren eines

Manhattansommers, aber unsere Stimmung

zwischen Mittag und Mond aufrechterhaltend.

Wir, die Träumer und Schreihälse, lebten trotz

Budgetknappheit und Parteipolitik wie in einem

Marathon unter der El, vorbei an

Fernsehmoderatoren und Mikrobrauereien.

Die Stadt versank ein paar Zentimeter unter dem

Hudson.

Glenn wartete auf die Bilder der Sadhus von der

Kumbh Mela und der verkrüppelten Jungen,

die in den Straßen von Bombay bettelten,

in The Grassroots am St. Mark's Place.

Zwischen zwei Bieren sagt er: „Jenseits des

Trubels auf den Basaren bleibt die Welt ein trauriger Ort.

Wir sind Großstadt-Jungs, unsere Gewissheit

wackelt nie, unser Geist ist zäh, unsere Betten,

ungemacht wie die Nacht, tief, unser

Fleisch weich. Wir rupfen die Sterne,

schlucken einen nach dem anderen, bis

wir den letzten Sokrates von dieser

Welt verbannt haben.

Der Käfig

Nicht die Frühlingssonne auf den

Narzissen am Straßenrand oder ein paar

verzweifelte Männer, die mit aller Kraft

versuchen, die Jukeboxen auf der anderen

Seite der West Fourth Street Courts aufzubrechen,

sondern die Wut im Inneren des Käfigs,

aus Schmiedeeisen gebaut, von unbezähmbaren

Geistern, die einem die Finger an der glatten

Haut des Basketballs verbrennen, wenn man nicht aufpasst.

Schlanke, verschwitzte Muskeln aus der

Nachbarschaft sorgen für Turbulenzen in

der Luft, wenn sie sich vom Dribbling zum

Dunking schwingen; die Menge, die sich

an den heißen Drahtzaun klammert,

brüllt wie in Arcadia.

Die Menge, die sich an den heißen

Drahtzaun klammert, schreit wie in Arcadia.

Wenn Körper mit blutigen Nasen auf den

Beton aufschlagen, erheben sie sich sofort

wieder und fliegen wie Pfeile vom

Bogen aufwärts, um zu Erfolgsstorys zu werden.

Das, so erzählt mir ein Professor des Queens

College mit verträumtem Blick aus einer

Cognac- und Zigarrenbar, sei der

New Yorker Stoff. Wenn sich der Tag

verdunkelt, steigt der Stoff auf, wabert

wie der Rauch vom Grill und landet auf

dem Set eines New Yorker Filmemachers -

reich, wie ein alter Mann zu hören bekommt..

Erinnerung

Ich sehe einen mit Weinranken

geschmückten Brownstone in der Sonne,

wenn ich nördlich der Hudson Street

spazieren gehe. Ich stelle mir gerne eine

Frau vor, die allein oder mit einem

Kind von drei Jahren und einem weißen

Hund in diesem Haus wohnt.

Und ich sage: Öffnen Sie Ihre Augen.

Es gibt so viel zu sehen, das kann

angenehm sein, aber auch anstrengend,

und es wird zur Erinnerung an ein Leben in

Abwesenheit, ohne Versprechen und ohne Rechte,

bis eines Nachts der Brownstone in Ihren

Traum kommt und entscheidet zu bleiben und

Sie an Ihr Versprechen und Ihre Rechte zu

erinnern Was würden Sie dann tun?

Verschiedene Akzente

Musik dringt durchs Fenster. Im Rhythmus
von Chopin tanzt der Chickering auf
seinen Mahagonibeinen.

Wie unsichtbar umgibt sie die Stille.

Das satte Pink der Rose, eine Femme fatale,
der Wind, der auf der Brust des Hudson spielt,
während die Sonne hinter Jersey City versinkt.

Ihre Eltern sind aus Russland geflohen, um hier
Zuflucht zu finden. Wie die Eltern ihres Portiers,
die aus dem Süden flohen, um der Lynchjustiz
zu entgehen, um unter einer Decke des Vertrauens
zu schlafen, solange sie können. Feuerwerk taucht
den East River in Licht und Hitze, während

eine unangenehme Brise die Halloween-Nacht

jenseits von Verleumdung und Beleidigung abkühlt.

Ihre tauben Hände zwischen den Hecken

versuchen, die Ungerechtigkeiten der Vergangenheit

zu fühlen, die ihr Volk und andere Menschen

mit anderen Akzenten erlitten haben; sie sitzt aufrecht

und blickt in die Nacht - sie ist auf Wünsche

gestoßen und hat den Plan vollendet.

Die Geburt der Sprache

Den grausamsten Morgen muss ich noch finden,

der sich weigert, seine dickste Tür der

Nichtversicherung zu öffnen, um zu leben,

wie der schwärzeste und dümmste Fels, der

den schmalen Ausgang zum Licht versperrt, der

Andy Loves Lisa auf sein Gesicht tätowiert hat, wie Hope.

Gefangen in der Zeit, fahre ich am

Verkehrsrand mit zwei fast parallelen Seelenzuständen,

wie Kenneth Koch, der sich beeinflussen ließ und

beeinflusste, Mozart und Monet und Shakespeare

begehrte, an New York dachte, ein einfacher

Geniestreich.

Es war immer noch Mitte der 80er Jahre,

mit funky Musik und tödlich endenden

Messerstechereien und dem tiefen Wunsch,

von der Bundesregierung aus der Misere

befreit zu sein, immer noch eine Hängebrücke der

Sprache zu bauen, auf der sich die Menschen

gegenseitig ein Lachen in Zeichensprache zuwerfen.

Allein und einsam, im selben Atemzug,

in dem ich die heimlichen Knishes in der Delancey

Street genieße, laufe ich den Nordwesten hinauf.

Musikalische Fäden klirren wie klingende

Kieselsteine gegen die Weigerung des

Wassers, sich der Tyrannei des Schweigens zu ergeben.

Und Isaac Bashevis Singer suchte nach einer

einsamen Posaune, um die Sprache zum

Klingen zu bringen, in einer

Bar in der Lower East Side.

Zen in Manhattan

Sich ihr zu nähern ist wie ein Schritt vom

Spiegel zurückzutreten und den Händen

des Lichts beim Umarmen der eingefallenen

Wange zuzusehen. Sich von ihr zu entfernen

bedeutet, nicht zu den Bänken aus

verwesendem Fleisch

zurückzukehren, sondern ihr Geheimnis in den

schlaflosen Stunden des Zwielichts, im Spiel oder

in der Verstellung zu bewahren. Der wandernde

Schatten einer Schaukel im Central Park, die totale

Einsamkeit der frühen Manhattan-Jugend.

Hotel Chelsea

Lebte immer in der Nähe eines Flusses,

jedes Mal war es ein anderer Fluss.

Jetzt ist es der Hudson.

Die Sonne scheint schräg von Osten,

in der Luft schwirren die Pfeile von

Ammern, und am Ufer treiben

langsam Lapislazuli-Kämme.

Nicht weit von hier - geheime Gänge und

schattige Foyers, die an Wolfe erinnern,

Geschichten von Mord und Selbstmord,

auf weinende Mauern gemalt.

Es ist ein Chelsea-Hotel des Herzens, in

dem wir uns das Salz aus dem

Fleisch fischen können.

Hier fühle ich mich sicher und nützlich.

Jede Nacht, an jeder Biegung des Flusses,

drücke ich meine geschmeidigen Glieder

an meine Rippen und sage: „In die

Sehnsucht werde ich kommen.

Black Out

Den ganzen Abend hielt die Hitze die beiden

am Leben und trennte sie voneinander.

Sogar das Rumpeln unter uns war verstummt.

Über die Brooklyn Bridge war ein Strom von

Hüten und Röcken geflossen.

Den Brieftauben hatte nicht einmal ein

Lichtschimmer des Dampfers den Weg gebahnt,

und die Riesin döste weiter, nachdem man

ihr das Blut ausgesaugt hatte.

Um Mitternacht öffnete ich den toten

Kühlschrank, holte aus seiner Stille ein Stück

Wassermelone, und wir beide aßen es kalt bei

Kerzenschein und lachten uns kaputt,

ob es lustig war oder nicht.

Ein Spaziergang mit Sappho in New York

Wie leicht gewöhnen sich Tauben an

den Times Square, so wie ein Hund an e

in schlechtes Herrchen oder ein Kind

an einen mürrischen Bruder oder e

ine mürrische Schwester.

Gewohnheit bedeutet mehr, als sich den

Schwankungen des Windes zu beugen

oder sich damit abzufinden, dass

Stahl in den Knochen steckt.

Ich betrete das Museum, in dem

Pollock Reißzwecken und Zigarettenkippen

in dicke Farbe taucht.

Man schlendert über den Asphalt einer

fremden Stadt, in der man sich zu

Hause fühlt, wenn ein Liebespaar in

einer fremden Sprache streitet, und der

Torso eines Mannes glänzt, weil er antike

Schätze ausgegraben oder eine Leiche vergraben hat,

die eine Lücke in seinem Leben hinterlassen

oder ihn weiser gemacht haben könnte, wie

dunkler Regen, der über eine

Brücke auf grüne Berge fällt.

Das Leben in der Stadt kann hart sein,

anders als das feuchte Sägemehl der Kleinstädte

oder der matschige Schnee des Hinterlandes.

Aber es hat etwas von einer Tänzerin, die auf

dem Eis Pirouetten dreht, das Licht einhüllt

und durch die Nacht über den Hudson schwimmt.

Obdachlos in der Kälte von Hell's Kitchen,

höre in dich hinein - ich habe früher Kränze geflochten.

Diagonaler Abstieg

Es war wie ein Punkt, der sich uns auf

der Brücke näherte, als wir gegen die

Lichtartillerie nach Flatbush und

Fulton hinuntergingen.

Wir liefen durch den Wind, kalt wie der

anklagende Blick eines geliebten Menschen,

bis zum Falafelstand, um schnell etwas zu essen.

Es schien ein seltsamer Abend zu sein, aber

die Strömung war genau in der Nähe der

Reihe von Mülltonnen auf dem Bürgersteig,

und die Clematis umarmte den Pfosten.

Es ging um Rimbaud in New York, um

Bob Dylan, um Patti Smith und um uns;

selbst die Davidsmaske war überall in

der Stadt zu sehen, 78 Jahre alt - und

danach tanzten die Frauen splitternackt,

und die Männer machten Musik bis tief in

die Nacht. Das Nordlicht ging am Himmel

unter, ein großer Kosmos nahm seinen Lauf.

Eros schüttelte meinen Geist wie ein

Bergwind, der auf Eichen fällt, als wir landeten.

Ein Himmel in NYPD-Blau

Neben 364 anderen wichtigen Tagen

ist heute der Tag der Gay Parade.

Die Fifth Avenue sieht süß aus wie ein Transvestit.

Glenn hat seine Digitalkamera dabei.

Die Gesichter sind mit grüner Farbe bemalt,

die Körper sind eng aneinander geschmiegt,

wie bei einer Freundschaft in der Highschool.

Mein Geist ist eine silberne Wiege,

gekippt Richtung West Side.

Die Demonstranten ziehen durch ein Petunienfeld.

Durch aprikosenfarbene Wolken bis an

den Rand von Stonewall folge ich

ihnen auf dem Rücken eines Esels.

Heute male ich mein Gesicht selbstmörderisch

blau an. Weil wir noch nicht am Ziel sind,

halte ich die Girlande und die Trommelschläge

als Wecker ganz nah an meine Haut.

Seitenstraße

Auf der ganzen Strecke von Bleecker

nach Osten gibt es keine Spur von

lebendigem Verkehr, außer einer Krähe,

die ein totes Kätzchen als Lösegeld in der

Hand hält - vielleicht für den Bürgermeister.

Im langsamen Pendelverkehr eines

verschneiten Sonntags schmachten die

mit silbernen Nieten behängten Bäume.

An einer Abkürzung in einer engen Straße starrt

mich das Plakat eines Bürgermeisterkandidaten an,

eine Schlampe für Gerechtigkeit und mehr Gefängnisse,

und darüber, hinter Glas wie eine Bauchrednerstimme,

Stieglitz' Porträt von Georgia O'Keeffe - die Finger

in anschwellender Zärtlichkeit um den Kragen

geschlungen, und Schichten von Chrom,

Lila und Magenta haben in der

Seitenstraße ein Feuer entfacht.

In einer Gangsterhöhle

Es ist immer noch ein heißer, schwüler

Tag in Downtown, der Wind weht durch die Zweige.

Hubschrauber kreuzen den blauen Himmelskorridor.

Ich befinde mich in einer Gangsterhöhle mit

Genosse Trotzki und Rumrunnern, die bereit sind,

ans kubanische Ufer zu schwimmen, in den

Kellertunneln, die zum East River führen.

Die Speakeasy im Erdgeschoss und die

literweise geschmuggelten Spirituosen, in denen

Männer einfach als vermisst gemeldet werden,

bleiben gut versteckt. Die Gangster behaupten,

trotz der Schießereien auf der Flucht und

der lautlosen Morde auf der Straße einen

eigenen Moralkodex zu haben: Wo man aufhört

zu reden, fängt man an zu schweigen; das ist

der Punkt, wo die Action beginnt.

Gerüchte. Haar.

Und gleichzeitig ein Mann.

Später Frühling

Heute ist alles zerbrochen - die Melodie,

die an den Lippen zerbricht, die Glocke,

die nicht um sieben schlägt, und das

versäumte Telefonat, wie eine Allee, die ihre

Neonröhren verloren hat, an anderer Stelle

die staubigen Hütten der Mietskasernen,

mit faulenden Knochen und Lumpen

über Männern mit geschwollenen Füßen und

Frauen mit schlaffen Brüsten, Kindern,

die nach Nahrung und Liebe schreien.

Wie die andere Hälfte im bedrückenden

Schatten betonierter Enge lebt.

Der faulige Geruch eines verbrannten Traums

liegt in der Luft - es ist kein gewöhnlicher

Morgen, an dem man einen gerösteten

Kaffee und ein Bagel genießt.

Am Nachmittag wird es ruhiger.

Man steht Schlange in der kalten Luft von 86 E,

um sich expressionistische Gemälde anzuschauen.

Dann gibt es Sushi und warmen Sake im Village,

während das Leben weitergeht.

Der Abend kommt mit Ozu und seinem „

Spätfrühling" und bringt eine weitere

Verlustschicht mit sich: New York zu vermissen

und doch in New York zu leben.

Eine honigfarbene Stimme, durchdringende Brisen,

nass vom Tau.

Ein Tattoo nach dem anderen

Neugierig, spielerisch, wie eine Frage,

die gestellt werden will, blicken Passanten

auf die rote Rückwand des Touristenbusses.

Ein Sonnenfleck auf dem Rücken einer

Taube an der Ecke Sixth Avenue und Thirteenth Street.

Ein Pudel an der Seite seines Herrchens,

auf den Wechsel des Lichts wartend.

Dann trottet er mit zwei dunklen Flecken

auf dem Rücken davon. Das Leben geht weiter,

aber mit leeren Händen.

Es ist fast Mittag, die Mittagspause

kommt pünktlich wie ein Briefträger.

Die Stadt auf dem Weg zum Tätowierstudio,

das Fließen von Pigmenten durch Kreise und Flächen,

die Bewegung des Schattierungsbalkens vom

Dunklen zum Hellen wie eine Wolke.

Dann eine Pause, plötzlich und lautlos,

als wäre der Hof sofort glatt wie ein Spiegel,

eine Ahnung von Regen und Spuren der

Vergangenheit auf der Haut, eine

Tätowierung nach der anderen.

Brauche ich das? noch mehr davon,

mehr um die Sehnsucht.

Dieser September

Am Fähranleger - das Kurbeln der Maschinen,

die das Mark der amerikanischen Linden knacken,

erfüllt die Luft, am Ground Zero ewiges Graben.

Keiner weiß, wer die Rinder in Ithaca hütet

oder wer den Kaffee im Starbucks in Downtown

ausschenkt, wenn der Wind so leise ist wie

das Opfer eines Schlaganfalls.

Der nasse Septembermantel, den man

zur Erinnerung an die Minnesänger

zusammengelegt hat, bleibt geschlossen

an dem nach hinten geschwungenen

Straßenschild hängen.

Als ich unter verkehrsfreiem Himmel in die

unruhige Septembernacht trete, sehe ich

auf dem feuchten Pflaster eine halbverfaulte Wurzel,

die ihre Zähne ins Mark Manhattans schlägt.

Der Tod jedenfalls

Raten Sie mal: Entweder ein Schuss direkt

zwischen die Augen oder ein langsames

Erwürgen bis zum Sonnenuntergang.

Je nachdem, was gerade auf der Bratpfanne

des eigenen Geistes kocht, kann es sein,

dass man das eine dem anderen vorzieht,

auch wenn jemand sagen mag, man habe keine Wahl.

Als Stan White an jenem champagnergetränkten

Abend auf dem obersten Turm des alten

Madison Square Garden von einem Millionär

erschossen wurde (der auch seine rote

Samtmeerjungfrau stahl und fröhlich mit dem

Zug in ein Irrenhaus in Matawan fuhr)

Was blieb ihnen anderes übrig, als die

Rechnung auf dieser Seite des Lebens zu begleichen?

Oft, könnte man sagen, ist es besser, seine

Gedanken in einen privaten und doch öffentlichen

Raum zu verlagern, wie in ein Vaudeville,

um Augen und Fleisch zu verwöhnen,

als durch die engen Straßen Tenderloins zu streifen.

Oder war es, weil das Mädchen der Langeweile

der Monotonie entfliehen wollte, oder weil

es aus dem Schatten eines allzu vertrauten Baumes

heraus wollte, oder weil es einfach von der

überschwänglichen Lust des anderen Mannes

mitgerissen wurde, oder weil es in einem

Zustand der Verwirrung war, gefangen zwischen Ja und Ja.

Natürlich können die lärmenden Abende in den

Loftwohnungen der Stadt einen Waffenstillstand

übertrumpfen, oder das gemächliche

Herumschleichen eines Lebensgespenstes, oder

die Beschäftigung mit belanglosen Dingen,

oder die Wahl eines Hobbies - all die üblichen

45

Tricks, um einer windumtosten, öden

Landschaft Ruhe einzuhauchen.

Aber es ist möglich, dass jemand die

Wahl eines dieser Mittel verweigert und

das Licht in seinen Augen zum Erlöschen bringt.

Lasst die Lichter brennen

Als alle Lofts der Lower East Side grün

angesprüht waren und der Himmel

unter dem roten Luftballon, der davonschwebte,

amberfarben war, sagte sie zu ihrem Liebhaber,

der sich leicht um die Hüfte wölbte, „Garbo",

und er, mit Stalins Schnurrbart, nickte mit

dem Spitzhut, in ihrer oft wiederholten

falschen Trennung.

Warum nehmen wir nicht ein Taxi in die

Innenstadt oder vielleicht ins Apollo, wo

De Niro Taxi Driver spielt? Ich bin mir

nicht sicher", sagte er und sehnte sich

nach McSorley's oder irgendeiner irischen

Bar in der Stadt und nach einem Steak,

das aussah wie auf der Speisekarte von New Jersey.

Er war unglücklich, und sie fühlte sich wie in

einem leeren Schoß, als stünde sie vor einem

geschlechtslosen Warhol, der auf die Leinwand

gesprüht wurde, und sähe sich von der Nacht belagert.

Doch bevor sie über die Asche der Reunion zum

Times Square stapften, entschieden sie sich für eine

Wasserstelle im Gourmet-Viertel.

Viel später, zurück im Hotelzimmer,

in den Armen ihres Geliebten, flüstert sie: „

Weißt du, ich fürchte das Unbekannte, wie O.

Henry, der, bevor er starb, das Licht an haben wollte,

um heimkehren zu können.

Unwirkliche Stadt

Sulfur City, ihre Glut - als mein Blick

vom Himmel auf sie fiel, verliebte ich

mich in ihr surreales Glitzern.

Auf einer verlassenen Ranch mit heißen Tagen

und kühlen Nächten - wie in John-Wayne-Filmen -

ließ ich meinen Mann und meine Kinder weit weg.

Ich begegnete der Stadt in der U-Bahn,

in den Museen und in den Bars, versuchte,

ihre Konturen und ihren Rhythmus zu erfassen,

schob Hoffnungen und Ängste beiseite und

lauschte dem Blühen und Fließen der Stadt

wie zwei Frauen, die Jahrhunderte voneinander

entfernt nach ihren Geheimnissen suchen.

In der Ferne stieg mein Mann aus einem

wirklichen Auto und begrüßte einen wirklichen

Hund oder setzte Kinder in einer wirklichen

Schule ab. Ich stand mit einem Baum auf einem

einsamen Bürgersteig, der in goldenes Laub getaucht

war, unwirklich. Wir hätten uns doch längst

verstehen müssen, dachte ich, oder vielleicht haben

wir uns doch nicht verstanden.

Während mein Mann auf die Uhr schaute,

blickte ich über die Brücke, vorbei an der Zeit

und dem Central Park, zu O'Hara, der an der

Toilettentür des Five Spot lehnte und „

Strange Fruit" im Ohr hatte.

Tunnel unter dem Fluss

Die Tanzfläche ist fast leer, obwohl

noch nicht alle Lichter gelöscht sind.

In der Mitte ein Mann, ein großer

Mann mit einem Armeegeneralgesicht,

gutmütig und grausam, der sich langsam in

einem obsessiven Ritual dreht und wendet,

und an dessen gewaltigem Torso eine blonde,

unbefleckte Frau mit einem Kranz aus lebendigen

Wellensittichen hängt.

Draußen rannte ein Chormädchen durch die

Geschütze des Begehrens und warf ihrem Mann,

der in einem Taxi wartete, die Rüstung der

Behutsamkeit zu, wie der Dichter von Rutherford,

der von drinnen zusah, um eine Schönheit zu

zeichnen. Wird er sie heute Abend oder in einer

anderen Nacht abholen und sie weit weg bringen,

nach Babylon oder Alexandria, durch

den Tunnel unter dem Fluss?

Der Lauf der Dinge

Die Schwarzgekleidete trat aus dem Hopper,

den linken Fuß zuerst, seidenweich und

vorsichtig auf die regennasse Seitenstraße,

die in die Fifth Avenue mündet.

Der Mann in der grünen Jacke, kahlköpfig

wie eine Melone, eilte hinterher und wäre

beinahe umgefallen. Mit einem schwachen

Lächeln balancierte er sich aus und hielt

den Regenschirm halb geöffnet in die Höhe.

Die Dame, wütend über die Unfähigkeit

der Nacht, ihre Stars zu schützen, und

ärgerlich über den Verlust des Broadwayspiels,

bat um ein Taxi, das sie von der

Klavierstube wegbringen würde.

Der Mann, schlank wie ein Geschäftsmann,

reckte seinen Hals in die pechschwarze

Nacht zwischen dem East River und dem

Hudson River und brachte sie an einen Ort,

wo sie nicht mehr hinkam.

Als sie weg war, nahm der Mann eine

Zigarre und rauchte, als wäre nichts

gewesen - auch nicht in Hoppers urbaner

Landschaft, jenseits von Zauberei,

Komödienclubs, Liebeskummer und Schmutz.

Violet Banks

Sie standen unprätentiös zwischen Mott

und Baxter in der Mulberry Street, wie ein Baum,

der sich im Herbst seiner Blätter entledigt hat.

Ihr Gesicht, das sich mit der Morgenschwere

erwärmte, erinnerte mich an Reihen grüner

Lebensmittelläden und Beerdigungsinstitute.

Auf der anderen Seite der leeren Parkbank,

auf der Eckbank, ein Mensch oder ein Nichts,

wie Kafkas verzweifelte Briefe an Milena,

und ich war verblüfft.

„Du Narr", sagte ich zu mir selbst,

„Warum kannst du dich nicht öffnen

wie eine Trompete oder ein Regenschirm?"

Und genau in diesem Moment kamen

Sie auf mich zu, beugten sich wie eine

Leiter über mich und flüsterten mir leise zu: „

Bring e zu den violetten Ufern"

Sonntag, Herbst, 7 Uhr morgens

Ein langsam schimmerndes Licht auf niedrigen

Lilienstängeln, ein ununterbrochenes Tigergelb,

ein halb geschlossenes Fenster zum anbrechenden Tag,

wie halb geöffnete Musikknospen

unter einer abgenutzten Kaschmirdecke auf dem

antiken Klavier, während die Nebenstraßen

langsam den Verkehr umwerben.

Im Central Park weht der sonntägliche

September, ein Nachrichtenzug pfeift durch

die Grand Central wie Lichtmuster aus

einer anderen Galaxie, und der schwere

Moschus von Sex durchdringt das Treppenhaus,

das zum Tageslicht und seinen sich entfaltenden,

taumelnden Möglichkeiten führt, wie die

Apartmentreihen von Trump's Place, die sich für die
Morgendämmerung des Hudson erwärmen,

während Visionen von undurchdringlichem

Blau am Rande von entschlossenem

Weiß mir das Gefühl geben, vollständig zu sein,

selbst wenn ich heute sterbe.

Sonnenuntergang am Seaport Inn

Auf dem Fulton Fish Market tummeln

sich auf dem Zementboden Unmengen

fangfrischer Makrelen, die verzweifelt versuchen,

dem Morgen und der drohenden Exekution

zu entkommen, um in den Genuss irgendwelcher

kulinarischer Köstlichkeiten zu kommen.

Abends drehe ich den letzten Zigarettenstummel

in die Sonne, während der Stahlbogen der

Brooklyn Bridge über der Water Street brennt,

das Traumfleisch der Downtown-Bewohner,

die von der Flucht ins Nirgendwo träumen.

Die Nacht eines New Yorkers

In der White Horse Tavern, lange nachdem

Dylan Thomas mit der Welt abgerechnet hat,

blicke ich durch das bernsteinfarbene Guinness

in das gebrochene Licht der Stadt, zusammen

mit einer Gruppe durchtrainierter junger Leute.

Sein Schatten hängt noch immer über seinem

Porträt im Hinterzimmer. So wie damals, als Mailer

seine männlichen Überzeugungen verkündete oder

Delmore Schwartz nachts aus Finnegans Erwachen rezitierte.

Vier Feuerwehrmänner mit aschebedeckten Stiefeln und

verrauchten Helmen schlendern herein, als die

Nacht hereinbricht.

Ein plötzliches Feuer des Trotzes rollt über

das Sägemehl. Die Kellnerinnen tanzen mit

den Feuerwehrmännern auf den Tischen,

die Fremden küssen sich und weinen -

wir sind New Yorker. Wir weigern

uns zu kapitulieren.

Wie es sein soll

Die klaffenden Löcher stören mich nicht mehr,

wenn ich an der Wall Street vorbeifahre.

Fast zwei Jahre sind vergangen.

Mit den Lücken und Leerstellen, den unausges

prochenen Narben gefühlter Grausamkeit,

habe ich zu leben gelernt. Langsam werden

die krummen Balken und die verkohlten

Schienen weggeräumt, damit der Löwenzahn

atmen kann wie der Rand der Sonne. Und die Männer,

die die Türme gebaut haben, pflanzen holländische

Tulpen mit unerschütterlichen Händen und

windgetrockneten Augen, wo Kinder Drachen

steigen lassen und eine Frau aus Jersey Geld für eine

Waisenkapelle sammelt und der alte Rabbi mit

seinem schwarzen muslimischen Nachbarn

Witze über die Haltbarkeit von Steinen reißt

und Züge sich beeilen, die Schale der

Morgendämmerung zu brechen.

Inzwischen sind fast zwei Jahre vergangen.

Die Lücken sind allmählich wieder geschlossen,

und noch immer liegen Granatapfelkerne

aus geronnenem Blut als traurige

Souvenirs auf der Straße.

Manhattan Mon Amour

Das Haus in der Nähe des Gramercy

Parks ist in chinesische Seide gehüllt

und kühlt sich in der Herbstdämmerung ab.

Man spricht über Menarche, Einsamkeit,

Steuern, Polygamie, de Kooning und Castro,

während man einen babywarmen Darjeeling

schlürft und in einem Macy's-Katalog blättert.

Ich denke an die Zeit, in der es eine selbst zugefügte

Verbrennung war, Ihnen nahe zu sein.

Zuerst haben Sie die Seite gewechselt, vom

Fenster zur Tür, dann von der East Side zur West Side.

Und ich bin Ihnen gefolgt.

Du liebtest keine Wellensittiche mehr, sondern Katzen.

Wir wurden von Tag zu Tag älter und von

Nacht zu Nacht düsterer.

Jetzt trennen uns nur noch ein paar Quadratmeter

duftendes Zimmer, und der alte Mann

von nebenan fängt immer genau im richtigen

Moment an zu husten.

Das ist der Moment, in dem man sagt:

In New York ist jede Frau ein Spiegel,

in dem die Leidenschaft in Mode verwandelt wird.

Die Kunst des Bogenschießens, die

Angst vor der Befruchtung

Manchmal liebt sie es zu führen. Wie der

Stolz des schnell fließenden Wassers, das das

Vieh sticht und die Maisstängel versengt.

Nackt wie ein Waisenkind, hilflos und mit Tränen in

den Augen steht die Sehnsucht auf dem kargen Feld.

Warum kann ich mich nicht häuten und den

Sog New Yorks durchdringen? fragt der Junge

unversöhnlich, während er die Pfeilspitze am

blanken Asphalt schärft, der die Splitter

einer falschen Romanze verbirgt.

Im Central Park kämpfen die Titanen.

Ihr Schweiß rinnt wie ein träger Fluss der Illusion,

der den Himmel mit rosa Neonlicht über leeren

Waffenschmieden, verletzten Wellensittichen

und grellen Kronleuchtern färbt.

Alles, was sie will, ist die Ecke von Tribeca, die

Steppe der Bronx, die Hänge von Queens,

duftende Haine der Barmherzigkeit,

abzüglich des in Slumgeheimnissen

veruntreuten Reichtums.

Das Mädchen bewegt sich mit bedächtigen Schritten

und behauptet ihr Territorium wie eine

Löwin in einem Käfig, die das Wasser nicht

ihrer Höhle vorzieht und sich fragt: „

Sehne ich mich immer noch nach

meiner Jungfräulichkeit?

Non Finito

Auf Bildern würde ich gern sehen, wie der

Wind durch die Eichen auf dem Hügel streicht

und wie eine Frau am Ufer eines Baches die

Trümmer ihrer Kindheit aufsammelt, die nach

Schönheit riechen, aber ich bin weder Maler

noch Kurator, der sich mit der verführerischen

Festigkeit des Irrealen beschäftigt.

Also saß ich hinter der Glasscheibe eines

Cafés in Little Italy und beobachtete, wie ein

junges Mädchen auf ihren Rollschuhen vorbeiging.

Vinnie, der Besitzer, lächelte weise: „

Man geht nicht nach Rom, um es zu erobern;

man genießt seine Pracht und kehrt innerlich

reicher zurück.

Es gibt so vieles, was man versäumt hat,

ob aus freien Stücken oder durch Zufall.

Ein verpasstes Abendessen in der Innenstadt,

eine Begegnung in der Bronx, eine überstürzte

Beerdigung in Brooklyn, ein Blick auf eine

vergangene Liebe im Kino - all das fügt sich nie

zu einem Ganzen.

Später in der Met schaut man sich Reihen von

Gemälden alter und moderner Meister an,

auf denen die Leinwand zerkratzt ist, mit

leeren, trägen Strichen auf grünem Grund,

unter der Farbe. Farbflecken auf üppigen

Blumensträußen, wie Spuren von Gedanken,

die sichtbar bleiben.

O non finito, wonach ich mich sehne und suche.

Auf der Suche nach Gnade oder November-Not,

wie sie sich entfaltet.

Jenseits des Felsvorsprungs unter dem

noch nicht aufgegangenen Mond, nicht

allzu weit entfernt von den Sehenswürdigkeiten

und Geräuschen Brooklyns und den majestätischen

Mühen, mit einer Straßenbahn namens „Bridge

Only" dorthin zu gelangen, sitze ich fest und allein

wie eine Mistgabel, die in einer Ranke steckt,

und beobachte mit großen Augen und geschlossenen

Augen die Alleen da unten.

Die Joneses sind nach Jones Beach gefahren,

und die Tylers haben sich, bevor der Winter über

das Land herfällt, in ihren hübschen Bungalow

im Norden des Landes zurückgezogen. Meine

Flanken sind leer und still. Wie ein einsamer

Schopenhauer, der auf die zeitlose Katze im

Hinterhof seines Nachbarn starrt, scheint mein

einziges Licht auf den Hudson. Alle Kriege sind

vorbei, und Stapel von stummen Waffen

sind anderswo deportiert worden.

Seit vierundzwanzig Jahren hilft meine

Frau einer Hippolyte, die auf dem

Bürgersteig einer fernen Stadt gestürzt ist.

Mercy, das Gesicht erleuchtet in einem zärtlichen

Gang, Seite an Seite, zu einer überfüllten Bar,

die die Last der zersplitterten Jahre und

der ungelöschten, brennenden Asche trägt,

wo sie vielleicht einen anderen geschwätzigen

Gould trifft, der Drinks bestellt -

ich bevorzuge Gin, aber Bier geht auch -

und dann mit Möwen spricht; und ich gehe

durch diese beredte Stille eines gesichtslosen

Abends, liebeskrank und müde zugleich,

wie ein verwirrter Tangotänzer in einem grünen Zimmer.

Ich höre, wie die Menge sich in

Gruppen und Paaren zusammenschließt,

um einen Mann zu retten, der hoch oben steht,

für den Fall gekleidet und nun bereit, aus

seiner Welt zu springen. Die vage überzeugte

Menge, passiv oder leidenschaftlich oder einfach

neugierig - schwer zu sagen von meinem Standort aus.

Dann fällt der Mann und fällt, keuchend und

O'Hara an sich klammernd: Es gibt zu viel

Limone in der Welt und nicht genug Gin.

Noch einmal

In der Stadt nach Poesie zu suchen, kann

angenehm gefährlich sein, wenn auch nicht

so gefährlich, wie in den tiefen Nächten der

achtziger Jahre in der Bronx nach einer

antiken Bronze zu suchen.

Aber man kann nicht einfach aufhören zu suchen -

wie wenn man das Wasser ignoriert, während

man mit Haien schwimmt - und so fand ich

Klassenzimmer mit rosa gestrichenen

Wänden, leere Flure in abgerissenen Häusern,

hastig aufgebaute Bühnen vor baumbestandenen

Straßen, schattige Balkone mit hölzernen Stühlen,

Am Ende der East Fourth Street stieg ich

eine Treppe hinauf in einen dunklen Raum

mit an der Wand aufgereihten Flaschen und

Erinnerungsstücken an das alte kommunistische

Regime - eine Fahne mit Hammer und

Sichel und ein Porträt Lenins.

Man sagte mir, ich befände mich in der

KGB-Bar Kraine Gallery.

Die Vorbereitung auf eine Dichterlesung:

angenehme Überraschung oder strafende

Gewissensprüfung? Niemand war sich sicher.

Aber es herrschte eine herzzerreißende Stille -

hier (wieder einmal) die Musen,

die das Gold verlassen.

Wer fürchtet Marianne Moore Für Dylan

Ich warte auf den Spielbeginn im Shea

Stadium, dem Ort, an dem man Mitte

der Achtziger sein sollte.

Ein kalter Windhauch und ein Hauch

von Regen auf dem verwaschenen Grün der

Herbstbäume, die sich am Abend blau

und orange färben.

Mit Gooden auf dem Hügel und Strawberry,

die schreit: Uns gehört die Stadt!

Wie Streitwagen in Olympia im Dienste

des Zeus, nackte Athleten, die sich in der

Luft bewegen, pulsierende Adern, die darauf warten,

zu implodieren. Wenn zu Beginn des Innings

die Bases besetzt sind, herrscht beredtes

Schweigen in den Adern.

Dann bricht das Eis der Geduld und ein Schwarm

Zaunkönige erhebt sich mit donnernden

Flügelschlägen, während die Gesichter auf der

Tribüne schmelzen und sich zu einer Wolke formieren.

Als das Spiel zu Ende ist, schreiten schreiende

Füße durch datierte Drehkreuze in eine

Nacht brüderlicher Nachsicht.

Wer fürchtet sich vor Marianne Moore?

Dann reiten sie nach Hause und sagen zu

ihren Kindern, ihr werdet euch erinnern,

denn wir haben diese Dinge getan, als wir

jung waren, ja, viele und schöne Dinge.

Barrow Street of the Mind Keine Bücher,

kein Stirnrunzeln, kein apokalyptisches

Morgengrauen - nur die Betäubung einer

umgestürzten Pappel im Schneesturm,

das ungepflasterte Kopfsteinpflaster der

Water Street, wo ein Schrei die umgekehrte

Stille ist, die auf die Ankunft des Schiffe

s wartet, das den goldhaarigen Liebhaber aus

der Ferne bringt - einen Azteken, einen

Nordländer oder einen Briten. Was kümmert

es einen, wenn die Geländer der Brooklyn

Bridge vereist sind und arktische Verzweiflung

den Himmel spät im Gaslicht verdunkelt,

während maskierte Dichter spielen und bei

jeder Bewegung sagen: Eliot ist tot, lang lebe Eliot?

Morgendämmerung und Abenddämmerung in der Seventy-First Street

Wie ein Kind, das Sand auf Sand schüttet,

versuchen die riesigen Betonpfeiler darunter,

den schreienden Tag vor der unmöglichen

Nacht zu schützen. Präsidenten, Gauner,

der Zahnlose aus dem Obdachlosenheim -

sie alle haben den Schrein besucht und das

grelle Licht mit bloßen Händen berührt.

Doch hier ist Schluss mit lustig.

Unter dieser Katalpa feiern die Felsentauben

Ostern auf der East Side, und was übrig bleibt,

wird Futter für die Zeitmaschine.

Frage eines Passanten

New York ist jetzt in den Wechseljahren,

sagte jemand im N-Zug zu jemandem,

während das Mädchen, das wie Buddha

neben mir saß, sich die Augenbrauen

zupfte, so sauber wie ein Baseballfeld, als ich

mich anschickte, den Bahnhof zu verlassen.

Neulich sah ich ihn in der Nähe der

Öffentlichen Bibliothek, wo ein wenig Jazz,

gewürzt mit Lammsuppe, über dem Gardenienbusch

gegenüber den Löwen wehte und ein paar Tauben,

stur wie Maultiere, die Buchstaben auf den

Seiten der Post aufpickten. Er wartet immer

auf dem Bürgersteig, hier an der Ecke Bleecker

und Broadway, hält die Zeitung auf der

Holzbank wie für einen Freund und raucht

Maduro-Zigarren wie ein Samurai

im königlichen Garten.

Ich weiß genau, was er jetzt tun wird. Er wird

auf seine Uhr schauen, die Zeitung falten,

ein Taschentuch herausziehen, sich die

Nase putzen, dann zur Tür von Guys and

Gals schlendern und mit derselben

Frau wieder gehen.

Fräulein Manhattan

Wie lässig sie auf ihrem Bett im Park liegt,

beschattet von blühendem Flieder, ein paar

Tauben haben sich in ihren Falten

eingenistet und klappern.

Ihr griechisches Gesicht ruht halb auf flinken

Händen, beherrscht und zufrieden

in stiller Einsamkeit.

Jahrelang habe ich versucht, mich von

ihrem Blick abzuwenden, aber sie ist überall -

auf den Denkmälern an den Brückenmündungen,

in den Museen, an den Rändern der Grünflächen

einer vergangenen Zeit - und die Erhabenheit

ihres Körpers lässt den Himmel fast

zu einem Flüstern werden.

Alles, woran ich mich erinnere, ist,

dass sie sich ihrer Kleider entledigte und den

Schmetterling herausließ, aber niemand hat

gesehen, wie sie danach Tränen vergoss,

oder die fünfundsechzig Jahre des

Schweigens im Asyl, die sie allein zum Meer

trug wie einen reinen Wassertropfen

auf einem Lotusblatt - nur die Zigeuner-

Wahrsagerin, die ihr eine verdrehte

Zukunft in ihre jüngeren Ohren flüsterte,

und der zischende Wind über dem

Sankt-Lorenz-Strom.

Alles, was sie sich vielleicht wünschte:

die Gewissheit der Liebe, ein paar irdische

Annehmlichkeiten und das Verschwinden

der bedrohlichen Stimmen der Dunkelheit

als Gegenleistung dafür, dass sie mit

ihrem Körper eine Ode an die Schönheit

für eine privilegierte Stadt schrieb:

Unter den sterblichen Frauen, wisse dies -

du könntest mich von jeder Sorge befreien.

81

Abgetrieben

Als ich näher kam, wurde das, was Sie

flüsterten, vom papierenen Wind zerstreut,

der wie ein durstiger Bluthund über

die nassen Flecken Ihres Tamarindenseiden-

Tops schwebte.

Hier in der McDougal Street treffen sich die

Köpfe über Frauenrechte und sozialistische

Poesie unter einem Himmel voller Feuersteine.

Ist es wirklich wichtig, worüber man nachdenkt,

was man sagt oder fühlt, wenn man sich in

der rauchigen Luft die Brust streichelt, atemlos,

um das Flattern des gebutterten

Zellophanpapiers an den leidenschaftlichen

Knöcheln zu spüren?

Vielleicht, vielleicht auch nicht.

Dann gehen Sie den Abgrund des Sommers

entlang und verschwinden wie eine verirrte

Sonne, während ich wie die sprichwörtliche

Motte zu Ihnen schwebe und Sie Feuer

speien, um mich vor mir selbst zu retten.

Morgendämmerung

Mit dem rechten Fuß im Schneematsch

des sich schnell auflösenden Eises versucht

er sich am Türgriff seines silbernen Chevrolet

festzuhalten, als er unter seinem linken Fuß

einen Gegenzug spürt, der seinen Oberkörper

nach vorne beugt und sein Gleichgewicht stört: „

Ich werde auf mein Gesicht fallen.

Nach einem kurzen Schreck sieht er noch,

wie sich der Himmel nordwestlich des großen

Gewitters lichtet, aber irgendwie kann er sich nicht

zu einem „Gott sei Dank" aufraffen. Stattdessen

flucht er heftig über ein vorbeifahrendes Taxi,

das eiskaltes Schmutzwasser auf den beigen Tweed

spritzt, den ihm seine Ex-Freundin letztes

Weihnachten geschenkt hat.

Wie sein moldawischer Freund, der dachte,

Geena Davis hätte etwas mit Gin zu tun,

kommt er sich im Auto dumm vor.

Dann denkt er, dass es darauf ankommt,

die richtigen Verbindungen herzustellen,

irgendwie, mit der feuchten Erde und um

mütterliche Unterstützung zu flehen, und

aus einem merkwürdigen Grund kommt ihm

André Breton in den Sinn: Poesie wird im

Bett gemacht wie die Liebe Auf der Straße

nach San Romano Weg zurück zur Flussmündung.

Wie einsam ist es, am Ufer entlang zu gehen,

auf einem schmalen Weg zwischen dem

Henkersfelsen und einer öden Anlegestelle,

während die Sonne untergeht und das

Wasser still ist wie ein Körper, der in einer

mondlosen Nacht erkaltet.

Die Stadt scheint fern, mit ihren schwachen

Neonröhren, den fernen Geräuschen eines von

Kindern überfüllten Spielplatzes und den

dröhnenden Kneipen der West Side mit ihren

aufgereihten Scharen von Flaschen, die

mit weit geschlossenen Augen vor sich hin dämmern.

Die Fenster blinzeln wie Augen in der Nacht,

während man mit passiven Schritten geht und läuft.

Die Sterne ruhen friedlich unter Wasser.

Wie Butter in der Pfanne schmilzt der Abend.

Irgendjemand wird sich an uns erinnern, sage ich.

Es wird eine andere Zeit kommen.

Eine Fährfahrt

Ein Schatten, grün und gebrochen,

die symbolische Mutter der Verbannten,

auf der glänzenden Brust des wogenden

Wassers. Wir lehnen uns an die Säume unserer

Jacken, lehnen uns auf den Sitzen in die

gespannte Luft. Es muss ein Ellis Island im

Himmel geben, sagt man. Ja, nicke ich,

wenn es Flüchtlinge mit Herz gibt.

Sie lächeln und duften nach Lavendel.

In den Olivenhainen auf der anderen Seite

der ultramarinblauen Küste von Lesbos

werden die Einwanderer zu Migranten, und

ihre Verzweiflung fließt durch die Straßen

wie das Blut durch den Sand.

Das Bekannte wird zum Unbekannten,

so wie die Worte ihre Bedeutung ändern,

wenn man sich entscheidet zu schweigen.

Aber wir wissen, dass die Trauer nicht nur ein

Wind ist, und dass eine faule und

unfreundliche Nacht vielleicht weniger

schmerzhaft ist als ein Tag, der mit Granaten

gefüllt ist. Während die Migranten am

Tor warten, verdichtet sich ihre

Wut in der Brust, schützt vor vergeblichem Bellen.

Hier schließt sich der Kreis.

Wenn man den West Side Highway betritt, sagt man, dass die

Rosenbüsche mehr blühen, wenn man sie härter schneidet.

Für die Erstveröffentlichung von Gedichten oder folgenden Versionen dieser Gedichte danken wir den Herausgebern der Publikationen. Skizzen auf der U-Bahn-Stufe: Das Full Circle Journal (Online) 2003, Sonnenuntergang im Seaport Inn: Kontrolliertes Brennen, Frühjahr 2009, Black Out: Kontrollierte Verbrennung, Frühjahr 2009, Nacht eines New Yorkers: Der Destillierkolben, 2009, Frage des Zuschauers: Der Destillierkolben, 2009, Side Street: Jod-Poesie-Tagebuch, Sommer 2009, Beim Tribeca Film Festival: Jod-Poesie-Tagebuch, Sommer 2009, Puls: Harpur Gaumen, Frühjahr 2009 Unwirkliche Stadt: Überprüfung von Common Ground 2016, Endlich Erleichterung: Überprüfung von Common Ground 2016 , Ein Himmel NYPD Blau: Pennsylvania Englisch 2016, So wie die Dinge sind: Die Runde 2016, Wer hat Angst vor Marianne Moore: Journal of NJ Poets 2017, Eine Fahrt mit der Fähre in der Circle Line: Im September dieses Jahres: Nur hier: East Jasmine Bewertung 2018.

Frau Ann Carson, deren erhellende Übersetzungen von Sapphos Fragmenten mich zu den folgenden Gedichten inspiriert haben, gilt mein besonderer Dank:

Nur hier, Der Käfig, Erinnerung, Unterschiedliche Akzente, Hotel Chelsea des Herzens, Wandern mit Sappho in New York, Diagonaler Abstieg, In der Höhle eines Gangsters, Spätfrühling, Ein Tattoo nach dem anderen, Unvollendet, Noch einmal, Wer hat Angst vor Marianne Moore, Fräulein Manhattan, Rückweg an der Mündung des Flusses und Kunst des Bogenschießens, Angst vor Imprägnierung:

9 79 8 8 9 3 8 9 2 4 8 2